营国巨商——吕不韦

◎ 主编 金开诚

◎ 编著 兰 蓉

吉林出版集团有限责任公司

吉林文史出版社

图书在版编目（CIP）数据

营国巨商——吕不韦 / 兰蓉编著 . 一长春：吉林
出版集团有限责任公司，2011.4（2022.1 重印）
ISBN 978-7-5463-5013-4

Ⅰ . ①营… Ⅱ . ①兰… Ⅲ . ①吕不韦（？~前235）－
生平事迹 Ⅳ . ① B229.25

中国版本图书馆 CIP 数据核字（2011）第 053440 号

营国巨商——吕不韦

YINGGUO JUSHANG LVBUWEI

主编/ 金开诚　编著/兰　蓉

项目负责/崔博华　责任编辑/崔博华　梁丹丹

责任校对/梁丹丹　装帧设计/李岩冰　刘冬梅

出版发行/吉林文史出版社　吉林出版集团有限责任公司

地址/长春市人民大街4646号　邮编/130021

电话/0431-86037503　传真/0431-86037589

印刷/三河市金兆印刷装订有限公司

版次/2011 年 4 月第 1 版　2022 年 1 月第 5 次印刷

开本/650mm×960mm　1/16

印张/9　字数/30千

书号/ISBN 978-7-5463-5013-4

定价/34.80元

前　言

　　文化是一种社会现象，是人类物质文明和精神文明有机融合的产物；同时又是一种历史现象，是社会的历史沉积。当今世界，随着经济全球化进程的加快，人们也越来越重视本民族的文化。我们只有加强对本民族文化的继承和创新，才能更好地弘扬民族精神，增强民族凝聚力。历史经验告诉我们，任何一个民族要想屹立于世界民族之林，必须具有自尊、自信、自强的民族意识。文化是维系一个民族生存和发展的强大动力。一个民族的存在依赖文化，文化的解体就是一个民族的消亡。

　　随着我国综合国力的日益强大，广大民众对重塑民族自尊心和自豪感的愿望日益迫切。作为民族大家庭中的一员，将源远流长、博大精深的中国文化继承并传播给广大群众，特别是青年一代，是我们出版人义不容辞的责任。

　　本套丛书是由吉林文史出版社和吉林出版集团有限责任公司组织国内知名专家学者编写的一套旨在传播中华五千年优秀传统文化，提高全民文化修养的大型知识读本。该书在深入挖掘和整理中华优秀传统文化成果的同时，结合社会发展，注入了时代精神。书中优美生动的文字、简明通俗的语言、图文并茂的形式，把中国文化中的物态文化、制度文化、行为文化、精神文化等知识要点全面展示给读者。点点滴滴的文化知识仿佛颗颗繁星，组成了灿烂辉煌的中国文化的天穹。

　　希望本书能为弘扬中华五千年优秀传统文化、增强各民族团结、构建社会主义和谐社会尽一份绵薄之力，也坚信我们的中华民族一定能够早日实现伟大复兴！

目录

一、奇货可居

吕不韦（？—公元前235年），出生在两千多年前的卫国濮阳（今河南濮阳西南），是战国末期富可敌国的大商人、政治家、思想家，他博学多才，文武双全，胸怀大志，立志要改变当时列国争战不断、百姓生活困苦的局面。一次偶然的机会，吕不韦遇见秦国在邯郸的质公子异人（后改名子楚），觉得这个人可以帮他实现伟大抱负。于是，吕不韦一掷千金，帮异人嗣位，使异人成了王位继承人，最后异人继承王位，吕不韦如愿当上相国，从此大展宏图，为秦国完成了由霸业向帝业的转变。嬴政即位后，吕不韦被罢相，离开了咸阳。

吕不韦出身商人世家，《史记·吕不韦列传》中说，吕不韦"往来贩贱卖贵，家累千金"，也就是说吕不韦是个商人，通过贱买贵卖，赚了千金家产。公元前258年，吕不韦到邯郸经商。一个偶然的机会见到了在赵国做人质的秦国王孙异人，认为"奇货可居"，遂主动上门取得联系。

当时，各国之间有一种制度，把本国王室成员派到一些国家做"人质"，以示信誉。这些人质，大多是有政治前途的王室公子，或者是在本国不受重视的王室公子，这种高级人质被称作"质公子"。

秦国选异人做"质公子"是有来由的，异人的父亲安国君最初并不是太子，

公元前267年，原立太子早逝，安国君这才坐上太子之位。然而安国君的父亲秦昭襄王长寿，直到安国君53岁时才离开人世。安国君有二十多个儿子，而异人只是其中之一，既不是长子又不受宠，于是异人被派到了赵国做人质。异人来到赵国后，在秦赵两国关系友好时，秦王孙异人自然被奉为上宾，可一遇到两国关系紧张，他就成为阶下囚。

那时，秦赵两国经常交战，秦国顾不上做人质的异人，赵国又有意降低异人的生活标准，弄得他非常贫苦，天冷时甚至连御寒的衣服都没有。吕不韦知道这个情况后，立刻想到，倘若在异人身上投资会换来巨大的收益。他不禁自言自语道："此奇货可居也。"意思是把异人当做珍奇的物品贮藏起来，等候机会，定能卖个大价钱。

关于吕不韦对异人这个"奇货"的看法，《战国策》中有如下记载：

吕不韦了解到秦"质公子"异人的状况后，回到家里，问父亲："种地能获多少利？"

父亲回答说："十倍。"

吕不韦又问："贩运珠宝呢？"

父亲回答说："百倍。"

吕不韦接着问："那么把一个失意的人扶植成国君，掌管天下钱财，会获利多少呢？"

父亲吃惊地摇摇头，说："那可没办法计算了。"

吕不韦听完父亲的话，决定做这笔大生意。他首先拿出一大笔钱，买通监视异人的赵国官员，结识了异人。

他对异人游说道："我能光大你的门庭。"

异人笑着说："你还是先光大自己的门庭，然后再来光大我的门庭吧！"

吕不韦说："你不懂啊，我的门庭要等到你的门庭光大了之后才能光大。"

异人不知吕不韦所言之意，就请他坐下详谈。于是，吕不韦单刀直入，说："公子有嗣秦之望吗？"

异人摇了摇头道："从不奢望。"

吕不韦道："敢问是何缘故？"

异人垂下头来，低声说道："我兄弟有二十多人，我既不是长子，又不是幼子。我的生母不为太子所幸，故而我不为王上所喜，这才在此为质。作为人质，就越发疏远了大王和太子。我哪里会有嗣秦的想法呢？"

听了异人的分析，吕不韦心中暗暗高兴。看来此人的头脑还算清醒，对问题的分析也比较有条理，这说明异人并不是一个庸才。于是吕不韦说："不韦不才，数月之内，必让公子嗣立。"

随后，吕不韦向异人讲明了自己的计划。他要拿出千金为异人办妥这件事。

吕不韦说："秦王已经老了，安国君被立为太子。我私下听说安国君非常宠

爱华阳夫人，因此只有华阳夫人能够选立太子，但华阳夫人没有儿子。现在你的兄弟有二十多人，你又排行中间，不受秦王宠幸，长期被留在诸侯国当人质。即使秦王死去，安国君即位，你也不要指望同你的长兄和早晚都在秦王身边的其他兄弟争太子之位啦。"

异人问道："是这样，那该怎么办呢？"

吕不韦说："你客居在此，生活又很窘迫，也拿不出什么来献给安国君、结交宾客。我吕不韦虽然不富有，但愿意拿出千金为你去秦国游说，侍奉安国君和华阳夫人，让他们立你为太子。"

异人一听，立刻信心倍增，于是拜谢道："如果您的计划真能实现，将来我能当秦王，必分秦国的半壁江山给您。"

回到家后，吕不韦吩咐下人，给异人送过去五百金，让他改善生活，结交高朋贵友；他另外支出五百金带去洛阳，在那里购置珍宝玩物，准备为异人疏通关系。

在那个时代，吕不韦的一掷千金不能不说是大手笔，是具有远见卓识的大投资，同时他也承担着巨大的风险。因为当时的秦王是异人的祖父秦昭襄王，异人的父亲安国君是个有二十多个儿子的老太子，要立异人为嗣，已经很难了，想让异人将来当秦王那就更难了，得等到秦昭襄王驾崩，安国君即位，把异人立为太子，然后安国君驾崩，才能轮到异人当王。这样长时间的等待，说不定会发生什么变化，即使安国君驾崩，异人也不一定能即位。所以说，吕不韦的投资可谓空前的壮举，他开创了历史上商人从政的先河，而且也是成功的典范。

二、一掷千金

　　有了吕不韦资助的五百金，如今异人的车马已经焕然一新，异人的服饰也变得光鲜华美，一扫之前的落魄，连侍者也一身的绫罗绸缎，神气十足。高朋贵友趋之若鹜，异人的府门前已车水马龙。

　　吕不韦迅速打理好在赵国的生意，赶往秦国。一路上，他看到秦军的辎重正源源不断地运往长平。吕不韦判断，这一仗，赵国是输定了。

吕不韦到咸阳第二天的晚上，就见到了实施计划的第一位关键人物——华阳夫人的弟弟阳泉君。吕不韦送上准备好的厚礼，委婉地说明自己的意图，阳泉君答应做华阳夫人的工作，并答应尽快把他引荐给华阳夫人。

同时吕不韦又送重金给华阳夫人的姐姐，让她进宫劝说华阳夫人早立嗣子。华阳夫人的姐姐立刻进宫，劝华阳夫人道："现在您侍奉太子，甚得宠爱，可惜您没有儿子，不如趁太子宠爱之时，早一点在太子的儿子中结交一个有才能又孝顺的人，立他为继承人，像对待亲生儿子一样对待他，那么，太子在世时您受到尊重，太子死后，自己立的儿子即位，最终也不会失去现有的权势。"

姐姐这一番话让华阳夫人很受触动，她沉思了

一会，说会好好考虑立嗣子的问题。

　　吕不韦通过阳泉君和华阳夫人姐姐的引荐，很快就见到了华阳夫人，送上准备好的厚礼。

　　寒暄过后，吕不韦对华阳夫人说："异人公子很贤能，他十分想念父亲安国君和夫人，甚为关心夫人的未来，希望夫人对未来之事早做谋划。现在夫人很得太子宠爱，可是夫人无子。为夫人着想，应当早点在诸公子中寻找贤孝之人，作为自己的儿子。这样一来，夫人现在享有尊贵的地位，即使以后事情发生变化，因您所立的嗣子即位，您的地位是不会受到影响的，正所谓'一举而得万世之利也'。"

　　华阳夫人想了想，道："先生的意思是叫我速立异人？"

吕不韦答道："夫人立嗣子，应当立贤孝之人。安国君的诸公子中称得上贤德的，他们的母亲虽然难说得幸，可也难讲失宠，因此夫人是不好与人家争的。异人公子很贤能，他的母亲又失宠于太子，他没有机会成为嗣子，所以必然愿意依附夫人。夫人若在此时立异人为嗣子，异人必感恩戴德，夫人将毕生有宠于秦矣！"

华阳夫人认为吕不韦说得很有道理，答应考虑他的提议。吕不韦辞别华阳夫人，怀着忐忑的心情回府等信。

当晚，安国君来到华阳宫，华阳夫人就趁着安国君心情大好之时，委婉地谈到在赵国做人质的异人非常有才能，来往的人都称赞他。说着说着，华阳夫人就哭了起来："我能入后宫侍奉您，是我的幸运，但非常遗憾的是我

没有儿子，我希望能立异人为继承人，以便日后有个依靠。"

太子原先也是被质于赵国的，大概对在那里做质公子的难处深有体会，对异人颇为同情，又听说异人贤德，所以痛快地答应了华阳夫人的要求。

事情的进展快得出乎预料，第二天，华阳夫人的弟弟阳泉君就通知吕不韦，太子安国君已经决定立异人为未来的太子，并聘吕不韦为异人的师傅，请吕不韦回邯郸，"早晚教诲"。

看来吕不韦的判断没错，年轻貌美又温柔贤淑的华阳夫人果然深得安国君的宠爱，安国君对她言听计从，一夜的工夫她就说服安国君立异人为嗣了。吕不韦凭借超人的智慧、精辟的分析、雄辩的口才，终于使自己的"奇货"异人立为未来的太子。

数日后，吕不韦打理好咸阳的生意，回到了邯郸。此时的邯郸与吕不韦离开

时大不一样了。离开时，邯郸百姓同仇敌忾、摩拳擦掌，期待着胜利。那个时候打仗是按斩杀敌人的数量论功行赏的，即提着人头领赏，人头越多，功劳越大，所以当兵的战败被杀头，百姓的头也被拿来充数。同样是死，当然要拼尽全力，同仇敌忾了，毕竟战还有生的希望啊。由于赵国对秦国的战事失利，现时的邯郸，大街小巷都挂满白色的花、白色的挽联和白色的幡，加之白雪皑皑，邯郸成了一座白色的城。

　　吕不韦担心在赵国当人质的异人的安危，没有进自家的大门，径直去了异人那里。走近异人的宅第，吕不韦发现有赵国的士兵在周围把守，不知是吉是凶。进了门一看，异人平安无事，一颗悬着的心才放了下来。原来吕不韦去秦国之前，请求平原君保护异人，平原君信守承诺，派赵兵将异人的宅院保护起来，防止愤怒的赵国军民拿秦的质公子异人出气。当时，赵国在战场上失利，邯郸的军民都想把愤怒发泄到人质异人的身上，异人吓得连门都不敢出，赵王甚至下令要杀掉秦的质公子异人，幸亏吕不韦想得周密，去咸阳之前委托平原君照顾异人，这才使异人躲过杀身之祸。

异人见吕不韦进门，忘了自己身陷险境，劈头就问："事情办得怎么样？"

吕不韦详细地讲了事情的经过，异人听后高兴得跳了起来，大叫："太好了，太好了，我终于得到了！"他做梦都没想到的事情，吕不韦竟然办成了，异人高兴的心情可想而知，连自己身处险境都浑然不觉了。

既然地位变了，秦赵又在打仗，异人当然不能再当人质了。吕不韦施展他游说的本领，使赵国同意送异人回国。正当异人和吕不韦欢天喜地打点行装准备回国之际，秦赵间爆发了长平之战，赵国在长平战败（公元前260年），秦国坑杀赵

国战俘达四十多万。赵王气得暴跳如雷，改变了主意，禁止异人回国。异人已经是秦太子的嗣子，也许会是未来的秦王，这个人质自然非常重要了，赵国怎么能在与秦国交战之时放他回去呢？当然赵王也不会随便将异人杀了，异人万般无奈，只好暂时留在赵国。

在赵国的这段时间，吕不韦还做成了另外一笔交易，他把自己年轻貌美的爱妾赵姬送给了异人。赵姬能歌善舞，美丽动人，深得吕不韦宠爱。历史上吕不韦的邯郸献赵姬，使嬴政的生父到底是谁成了解不开的谜。传说一：吕不韦把自己的爱妾献给已经是嗣子的异人，以讨其欢心。传说二：吕不韦设计请异人到家中饮酒作乐，让已经怀有身孕的爱妾赵姬陪酒、献舞，异人被赵姬的美貌迷住，借酒劲向吕不韦索要赵姬。异人也知道吕不韦在他身上已经投下千金，是不会吝惜一个女人的。吕不韦先是假装生气，说赵姬是他最喜爱的女人，让异人另选他人，异人却非赵姬不要，于是吕不韦乘势把已经怀孕的赵姬送给了异人，这样若日后赵姬生了儿子，这个孩子将有可能成为秦国的王，也就是吕不韦的儿子可能成为未来的秦王，吕不韦的投资可谓深谋远虑，不惜一切代价。

异人得到如此美丽的妻子陪伴，整日歌舞升平，竟然忘了身处险地。光阴荏苒，一晃到了公元前259年，正月初一一大早，异人内室传出了一阵婴儿的啼哭声。赵姬生了一个儿子，因为是正月初一生的，故取名正。在古代，正与政相通，这个孩子就是后来的秦王嬴政。

关于这个情节，《史记》中有如下记载，说赵姬"自匿有身，至大期时，生子正"。大期是指超过十二个月。

说嬴政是吕不韦的儿子的根据是：第一，史料上关于嬴政和吕不韦关系非同一般的记载不只一两处。第二，即使赵姬大

期而生政，也不能排除吕不韦与嬴政有血缘关系的可能性。因为吕不韦与赵姬的亲密关系，并未因赵姬与异人结婚而中断，这种关系一直延续到嬴政继承王位之后。说秦始皇是吕不韦的私生子，也可能是那些恨秦始皇的人对他进行的攻击、污辱，不足为据。

说嬴政不是吕不韦的儿子的根据是：当时异人已经是未来的太子了，赵姬生子时间不对，异人不可能不知道，所以嬴政应该是异人的儿子。

不管哪种说法，都已无从考证，秦始皇的生父是谁成了千古之谜。

异人在邯郸娶赵姬生子，乐不思秦。谁料风云变幻，战争形势又发生了变化，为异人归秦创造了条件。

当时秦国趁赵国尚未恢复元气，再次派兵攻赵，白起率领得胜之师要大举进攻邯郸，灭赵已指日可待。然而在白起攻克了韩国上党，等待秦王发出进攻赵国邯郸的命令时，秦国内部却产生了矛盾。白起迟迟未接到发兵的命令，失去了占领邯郸的机会，但被困在城中的异人却因此避免了一场厄运。在那些吕不韦和异人用钱财结交的宾客的帮助下，异人成功地逃出了赵国。可赵姬和她幼小的儿子嬴政却没能逃脱，留在了邯郸城内，在豪门势力的保护下，才幸免于难。关于这一段历史，《史记》中记载道："赵欲杀子楚妻子，子楚夫人赵豪家女也，得匿，以故母子竟得活。"

三、嬴政归秦

回咸阳之后，异人首先拜见了父亲。太子安国君见儿子平安归来，自然很高兴，询问了异人和吕不韦是怎么逃出来的，又问了秦军围攻邯郸的情况。从太子那儿出来，异人便去了华阳夫人那里。华阳夫人早已听说异人回来了，见到了异人，华阳夫人也很高兴。因为见华阳夫人之前，吕不韦就预备好一套楚国人穿的衣服，让异人见华阳夫人时穿，当时异人还不明白为什么让他穿这么怪异的服装。原来，华阳夫人是楚国人，吕不韦让异人穿楚国人的衣服见华阳夫人，是想取悦华阳夫人。这是吕不韦心思缜密的地方，他不仅有很多大手笔的行动，对细微之处也考虑得很周到。果然，华阳夫人看见穿着楚国人衣服的异人格外高兴，立刻对异人产生了好感，还给异人改了名字，叫子楚。在吕不韦的精心设计下，异人和华阳夫人的这次见面，大大缩短了母子之间的距离。

华阳夫人详细询问了子楚和吕不韦从邯郸逃脱的经过，接着又问了赵姬和嬴政的情况，子楚说从赵国逃出来时太匆忙了，没有顾上妻子和孩子，不知道她们现在怎么样了。华阳夫人安慰子楚说吉人自有天相，赵姬和嬴政不

会有事的。

此后，子楚成了华阳夫人名副其实的孝子，几乎天天到华阳宫给华阳夫人请安，陪华阳夫人聊天，华阳夫人感觉很满足，庆幸自己选了一个好嗣子。有时，太子闲了也到华阳宫来，见到华阳夫人与子楚相处得如母子一般亲昵融洽，心中自然很高兴。华阳夫人不时地向太子讲述子楚的贤德，太子也庆幸他们选了一个优秀的嗣立者。

在赵国前线，由于魏国的公子信陵君窃得魏王军符，带兵来到赵国，秦军害怕腹背受敌，便撤了回来。将近一年的邯郸围困战到此结束，秦军也没能把子楚的妻子和孩子救出来。

一晃七年过去了，秦国发生了两件大事：

第一件事，公元前 251年，秦昭襄王辞世，苦等王位五十多年的安国君即位，也就是秦孝文王。华阳夫人被册封为王

后，公子子楚被立为太子。秦昭襄王去世，吕不韦极其高兴，这就离他所追求的目标又近了一步。另一个欢欣鼓舞的人便是子楚，他因父亲孝文王即位而成为太子，离王位只有一步之遥了。

第二件事，楚、魏、韩、赵四国，趁秦国举丧之际，组织联军进犯秦国。联军在渑池集结，等在那里要与秦军决战。吕不韦回到咸阳时，秦王嬴柱已经任命王龁为大将率兵迎敌。原本秦王嬴柱要派太子子楚为监军，但当时子楚正好染病，便推荐吕不韦代为监军，秦王准奏。临行前，秦王与王龁、吕不韦商讨了退兵之策，吕不韦把自己的计策讲了出来，秦王和王龁听后都认为可行，决定照计行事。

几天后，秦军大队人马来到渑池，扎下营寨，点火做饭。不多时，秦军营寨

寨门大开，缓缓驶出十几辆战车。战车向着赵国营寨疾驶。直到离赵国营寨半里路左右，车队才把速度减下来，最后车队在离营门一箭之地停了下来。让赵军守门士兵进去禀报：故人吕不韦求见。

原来吕不韦在各国做生意时就已经结识了赵国的名将廉颇，并且经常出钱、出物资助赵军，和廉颇老将军很熟。

得到廉颇将军的允许，吕不韦的车队鱼贯入营。到了帐前，廉颇已在帐外迎候。吕不韦下车，二人寒暄着走进将军大帐。吕不韦对廉颇说："不韦不忘与廉老将军故交，秦太子亦不忘旧情，今特备薄礼送过来。"

廉颇笑道："这是先礼后兵了。"大家听了

都笑了起来。

寒暄过后，廉颇请吕不韦在军中用膳，吕不韦起身道："两军交战，多留不便，就此告辞，后会有期。"

廉颇也不便多留，遂起身相送，说："那我们疆场上见吧！"二人笑着走出大帐。吕不韦登车回营。

廉颇回到帐中命士兵把礼品箱打开，可打开一箱一看，大家都惊呆了，里面全是石块。再打开第二箱，依然是石块。廉颇骂了一句"不韦小儿欺我"，但实际上他并没有生气，他知道这是吕不韦使的离间计，认为吕不韦的军事才能丝毫不逊色于他的经商本领。

就在这时，士兵向廉颇报告："楚国太子到！"

楚国太子是这次攻打秦国的联军总指挥，此人多疑，心胸狭窄，他看见吕不韦的车队进了赵军营寨，心里直嘀咕，特意赶来查看。

廉颇闻报心里一惊，知道楚国太子是为吕不韦入营的事而来的。于是命人把箱子盖好，便去迎接楚国太子。楚国太子已在帐前下车，还没等廉颇开口，楚国太子便问："老将军很忙啊！刚刚送走的是秦人吗？"

廉颇心想，楚国太子果然是为吕不韦入营之事而来，答道："是秦人，太子认识的，就是太子在赵国做质公子时见过的那个商人吕不韦。"

楚国太子冷冷地说道："富可敌国之人！这样的人肯定出手大方，再说，将军与吕不韦交情颇深，吕不韦定是送来些奇石珍宝吧。将军，可否让敝人见识一下？"

廉颇说："好啊，那

太子就开开眼吧!"说罢,让人打开了一个箱子,楚国太子看后吃了一惊,他又看了其他几个箱子,说道:"吕不韦如此欺人,实在令人气恼!"他只是嘴上这样说,心里却骂道:"老家伙竟然欺骗我。"为了掩饰自己对老将军的怀疑,楚国太子忙说:"我这次过来,是想请将军去敝营商讨对付秦军的事情,请老将军不要多心。"

廉颇说:"太子无须解释,您先请回,老夫随后就到。"

楚国太子走后,廉颇对手下众将叹道:"这个太子心胸狭窄,他只知道怀疑我们,并没有看透此乃吕不韦的离间之计。"

果然不出廉颇所料,楚国太子出赵国军营之后,随行将领问他:"太子,吕不韦真的送了些石头给廉老将军吗?"

楚国太子斩钉截铁地说："谁会信？吕不韦与廉颇的交情非同一般，怎么能够骗他？他是怕我识破，把珍宝换成石头叫我看，好像他受了吕不韦欺骗，我只是不便当场戳穿他罢了。"

吕不韦的离间计成功了，楚国太子已经怀疑赵国了。于是在接下来的战斗中，楚国太子故意让赵军打头阵，楚军断后，结果秦军在前面只是佯攻，派重兵偷袭了楚军的大营，烧毁楚军粮草。楚军立刻就没了斗志，匆匆忙忙准备撤军，在撤军时又先行拔营起寨，结果中了秦军的埋伏，全军覆没，楚国太子失踪，可叹楚国的十万男儿，就这样被一个庸才葬送了。

秦军用反间计破了楚、赵、魏、韩联军，大获全胜。接着秦军尾随撤退的赵军，既不开战，也不撤兵，一直走到赵的

都城邯郸城郊才停下来。廉颇将军不知秦军的真实意图，怕秦军跟着赵军进城，于是命赵军暂不入城，就地扎营，看看秦军的动静再说。

且说秦军扎下营帐，吕不韦命军士把在战斗中俘虏的赵将乐启带进来。乐启虽然被秦军关押，但从未被缚。他到了大帐，吕不韦对他说："这一路委屈了将军。现在到了邯郸郊外，我想请将军回城禀告赵王：赵国无理，大兵犯境，现秦军令赵军完军而归，不是无力歼灭，而是因为我秦国嬴政母子还在赵国。今我大军压境，便为迎嬴政母子归秦。烦请将军和赵王说，若嬴政母子完璧归秦，秦必全军返回。"

乐启根本没有想到秦军尾随赵军是为了这个，心里很高兴，忙说："谢诸公不杀。报赵王一事，乐启定当速办。"

乐启回赵营把秦军来此的目的一

说，廉颇将军也放心了，立刻报告赵王，
秦军是来接客居赵国的嬴政母子归秦
的。赵王速派长安君和乐启送嬴政母子
到了秦军大营，吕不韦和王龁迎了上去，
与长安君和乐启寒暄了几句，随后，嬴政
母子下车，赵女领着嬴政去后帐休息。嬴
政母子终于结束了多年的流亡生活。

吕不韦在帐中设宴，款待送嬴政母
子回秦营的长安君和乐启将军。之后秦
军就踏上了归途。回撤的秦军浩浩荡荡，
旗幡招展，首尾不见。

秦军酣畅淋漓地打败了联军，并且
成功地接回了嬴政母子，咸阳沸腾了，全
城热热闹闹地庆祝了三
天。

到了咸阳，赵女就
成了太子妃了，她心中甚
为激动。嬴政也结束了
野孩子的生活。经过千
辛万苦，甚至是死里逃

生，吕不韦预定的目标，正在一个个成为现实。

进宫后，嬴政第一个要去拜见的，自然是秦王。秦王早就知道儿子子楚和赵女以及他的这个孙子在邯郸度过了一段极不寻常的日子。见了面，见孙子相貌出众，聪明伶俐，举止大方，秦王越发地高兴了。秦王问了嬴政许多问题，嬴政一一做了回答，与秦王待了一顿饭的工夫，子楚便带嬴政离开了。

当日午后，赵女和嬴政来拜见王后。年轻漂亮又知书达理的赵女一下子讨得了王后的喜欢。同样，博览群书、温柔美丽的华阳夫人也立即得到了赵女的敬爱。王后把嬴政拉到自己的身前，见孙子和自己想象的一样，是一个翩翩少年，心中也十分高兴。王后详细询问了嬴政母子在赵国

的生活情况，嬴政又一一做了回答，王后很快就喜欢上了这个聪明的孩子。

从此，嬴政母子在宫中开始了全新的生活，王后为嬴政找了先生，又让宫中一些品行好的孩子陪嬴政读书。赵女经常过去陪王后聊天，一家人相处得很融洽，嬴政母子很快就适应了宫中的生活。

四、施展抱负

秦孝文王嬴柱为父亲秦昭襄王守孝一年，公元前250年正式即位，但即位后不久就死了。秦宫沉浸在巨大的悲痛之中。据后人研究，死因有这么几点：一是他年纪大了，即位时已经52岁了；二是他身体不太好，他有几十个妃嫔，生了二十多个儿子，再加上养尊处优，疏于锻炼，身体就出状况了；三是心情大喜大悲，老王在位五十多年，死了他能即位是大喜，但父亲去世又是大悲之事，悲喜交加，一下子就病倒了，由于身体不好就再也没起来。

公元前249年，秦孝文王嬴柱逝世后的第三天，太子子楚继承了王位，他就是秦庄襄王。华阳王后被尊为华阳太后，子楚的生身母亲夏姬被尊为夏太后，赵女被封为王后，嬴政被立为太子。

庄襄王即位后的第一道命令就是关于吕不韦的：任吕不韦为相，封为文信侯，以兰田十二个县为食邑。诏令一出，满朝文武都惊呆了，因为当朝百官无一人能如此集官、爵、食邑最高等级于一身。吕不韦做到了，他心里十分清楚，这不过是十几年前在邯郸投资所收回的利益而已。如今的吕不韦，官——相国，一人之下，万人之上；爵——文信侯；食邑——兰田十二县，在当时最大的也就是万户侯了，十二县有十多万户了。从此秦国大政实际上完全控制在丞相兼文信侯吕不韦的手上，国王子楚本来就没什么治国之才，凡事都由相国吕不韦裁决，他自己只管吃喝享乐，秦国进入了由吕不韦擅权的时代。

吕不韦当政后的第一件事，就是大赦罪犯，奖赏先王功臣并对百姓施一些小恩小惠。这使得吕不韦在秦国臣民中口碑非常好。他收买人心，泽及罪人、功臣和平民，威信迅速提高，子楚称王以后，吕不韦的远大抱负——要把秦国变成统一中原各国的强大帝国，便有了施展的空间。

庄襄王对吕不韦是言听计从，故吕不韦独断秦国朝政。事实上，秦庄襄王子楚从小就被派到赵国做人质，没有受到良好的教育，自己又不爱学习，凡事都要依靠吕不韦拿主意，而吕不韦雄才大略，聪明睿智，深谋远虑，乃经世治国之才。因此，秦王也就把秦国的大小事宜都交给吕不韦去办，在吕不韦的治理下，秦国的国力越来越强大。

工于算计的商贾从政，处处都显露出他善于把握时机的才能，千方百计取得最大效益。消灭东周就是吕不韦执政后树立起的第一块丰碑。

公元前249年，苟延残喘的东周联合各诸侯国图谋进攻秦国。秦本来就想消灭周天子，但恐在道义上会受到谴责，同时连年用兵也需要时间休养生息，此时恰好时机到了，东周图谋攻秦，给了秦一个出兵的借口，也给了吕不韦建功立业的机会。吕不韦轻而易举地征服了东周，将其领土并入秦的版图，彻底消灭了统一中国过程中最后的障碍。

吕不韦虽灭东周，却不绝其祀，没有对东周人赶尽杀绝，又为自己树立了崇奉礼义、"兴灭""继绝"的光辉形象，从而赢得士人的好感，也消减了一些姜、姬姓诸侯国的仇恨和反秦情绪，为大批士人投奔秦国及顺利完成统一大业创造了条件。

吕不韦掌权的头一年，秦国在军事上和政治上都显得生气勃勃，秦国的国界已逼近魏国的国都大梁，魏国陷入一片混乱之中。于是魏国请回自窃符救赵后留居赵国的信陵君，信陵君凭着自己的声望，组织五国联合军事行动，五国联军抗秦，秦军大败，给春风得意的吕不韦当头一棒。这是吕不韦当政后军事上的第一次也是唯一的一次失败，从此他用兵更加谨慎。吕不韦从失败中总结出，不除掉信陵君，秦国的军事征服就会遇到更多的困难。吕不韦经过多日谋划，精心安排，到处散布谣言，利用挑拨离间计使魏安釐王解除了信陵君的军权，致

使信陵君含冤四年后身亡。

公元前247年，秦庄襄王驾崩。被吕不韦视为奇货的庄襄王，为了坐上国王宝座，不惜把自己当做商品交给吕不韦去投机，他弃生母夏太后于不顾而去取悦华阳夫人。可是，付出如此巨大的代价，刚坐了三年秦王宝座就命归黄泉，死时才35岁。对于庄襄王的死，众人议论纷纷，有人说是得病死的，有人说是吕不韦害死的。后一种说法显然缺乏依据，吕不韦已经总揽大权了，秦王又对他言听计从，他没有必要害死秦王。事实上无论死因如何，吕不韦在秦国的地位都发生了变化。或许是上天的有意安排，四年之中，有三位国王辞世，在较短的时间之内，嬴政成了秦国之王，当年

吕不韦一掷千金帮"质公子"子楚游说时，怎么也不会想到自己的投资这么快就大见成效。

看来做事不仅要独具慧眼，还要有机遇。吕不韦的这次投资就把握住了机遇，是历史对他的厚爱。庄襄王的死，给吕不韦施展旷世的才能、实现远大的抱负创造了条件。

公元前247年，秦宫在举行了庄襄王的葬礼后，紧接着举行了秦王嬴政的登极典礼。那年秦王嬴政才12岁，是个尚未成年的孩子，秦国的大小事务仍然是相国吕不韦说了算。嬴政即位后，吕不韦除了相国、文信侯外，又多了一个特殊的称呼——仲父。秦王嬴政当然不想给他这个封号，这完全是吕不韦自己的主意，而年幼的秦王羽翼未丰，不好违背相国的意思。从此，吕不韦就坐到章台宫大殿秦王御座的右侧，开始处理朝政了。"仲父"既不是官名，也不是爵名，而是叔父

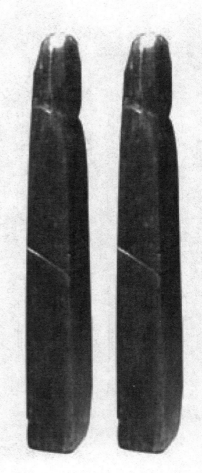

之称，是颇具亲情色彩的称呼。从公元前247年秦王嬴政即位到公元前237年亲政之前，都是吕不韦在秦国直接掌权的时代。

仲父是个什么称呼呢？吕不韦又为什么让秦王叫他仲父呢？

仲父是齐桓公对管仲的尊称。春秋时期，大政治家管仲辅佐齐桓公治理齐国，创建霸业，使齐国成为列国霸主。齐桓公非常尊敬、信任管仲，把齐国朝政都交给管仲处理。因为管仲是上一朝的元老，年纪又比齐桓公大，故齐桓公尊称管

仲为"仲父"。仲父的称呼就是这么来的。管仲治理齐国的功绩曾得到孔子的称赞，孔子说："管仲辅助齐桓公做诸侯霸主，一匡天下。要是没有管仲，我们都会披散头发，左开衣襟，成为蛮人统治下的老百姓了。"

　　吕不韦让秦王嬴政叫自己仲父,一是表示他与嬴政感情亲近,情同父子。二是要告诉人们他治理秦国的功劳可与管仲当年治理齐国相媲美。

　　吕不韦在秦国做相国时,实行了一系列强国富民政策,使秦国的国力、民力在短时间内居于列国之首,他没有当了大官就嫉贤妒能的通病,对元老重臣极为器重,重视各类人才。始终重用老将蒙骜就是最好的例证,在吕不韦执政的十余年中,秦国经济、文化的长足进步,为其施展政治才能提供了客观条件。为了实现他的帝国霸业,秦国在外不断用兵,并不断夺得胜利,蒙骜虽已年迈,但仍然带兵冲锋陷阵,威风不减当年。对旧臣不存戒心,对元老毫无成见,是吕不韦取得成功的原因之一。

　　吕不韦不仅仅重用老臣,

只要有才能的人在他那都会找到用武之地，他用人不拘一格，不论资排辈，选贤任能。当时最有名的是小甘罗，他12岁就能担负出使的重任。

秦庄襄王死后，吕不韦立12岁的太子嬴政为国君，也就是后来的秦始皇，秦国的大权还是操控在吕不韦的手里。吕不韦为了进攻赵国，假意跟燕国和好，先打发使者去破坏燕、赵联盟，燕王叫太子丹到秦国去做人质，吕不韦又叫张唐到燕国去当相国。　不料，张唐却一口拒绝了，说："我曾经率兵攻打过赵国，赵国人都恨我入骨，说谁能抓住我，就赏他方圆一百里的地。这次去燕国肯定要经过赵国，我这不是有去无回吗？请相国派其他人去吧！"

张唐的一番话让吕不韦非常恼火，但一时又想不到其他办法，也想不出更合适的人选。他闷闷不乐地回到家中，站在窗前一言不发，脸色阴沉得可怕。这一切被吕不韦家的一个叫甘罗的小门客看在眼里，甘罗是秦国相国甘茂的孙子，甘茂死后，他就投奔吕不韦了。甘罗见吕不韦不高兴，就上前问道："相国，您有什么不高兴的事吗？"

吕不韦不耐烦地挥挥手，说："去玩吧，小孩子家懂什么！"

甘罗非常自信地说："别看我年纪小，我从小就在爷爷身边，知道的事很多，或许我能帮您出出主意呢！" 吕不韦觉得甘罗的话说得有理，便把事情的前因后果告诉了他。

甘罗听了，拍着胸脯说："相国就把这件事交给我去办吧，我保证说服张唐。"

吕不韦半信半疑，但听甘罗说得那么坚定自信，就同意让他去试一下。

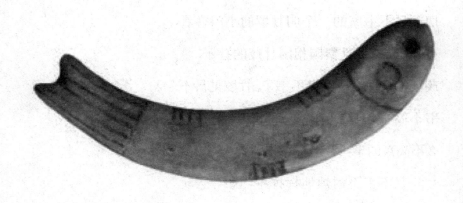

于是甘罗来到了张唐府门前，让下人进去通报。张唐听说吕不韦的门客来访，连忙出来相见。不料见到的是个乳臭未干的小毛孩，脸就拉下来了，态度很不友好。

甘罗就像没看到张唐脸色的变化，不慌不忙地说："我听说从前应侯（范雎）打算攻打赵国，却遭到了武安君白起的百般阻挠，结果武安君离开咸阳才七里就被应侯赐死了。现在吕相国亲自请您去燕国当相国，您却找借口不肯去，您想想他会放过您吗？"言外之意是张唐如果违抗相国的命令，将有性命之忧。

张唐听甘罗这样一说，吓得浑身直

冒冷汗。是啊，相国吕不韦掌握着秦国的
生杀大权，违背他的意思还能有活路吗？
张唐的表情变化甘罗看在眼里，心中暗自
好笑，紧接着又补上一句："我真不知道
您会发生什么意外呢？"

此时张唐非但不敢看轻这个十几岁
的小孩，反而连连感谢他救了自己一命，
并且让甘罗转告吕不韦，自己立刻动身前
往燕国。

回到相国府，甘罗把事情的经过
一五一十地向吕不韦作了汇报，吕不韦非

常满意，对这个12岁的小甘罗也刮目相看了。

过了一段时间，有个出使赵国的差事，甘罗主动要求前往。这一次，吕不韦毫不犹豫地答应了，他还把这件事报告了秦王，在秦王面前大大夸奖了甘罗一番。

秦王下令召见甘罗，问他见了赵王要说些什么？甘罗答道："现在我不知道赵王将会有什么反应，我只能见机行事了。"秦王很满意，给了他十辆车，一百多名仆从，派他出使赵国。

赵王听说秦国派来使者，不敢怠慢，亲自出城迎接。不料见到的使者居然是个小孩，就起了轻视之念，问到："你今年几岁了？"

甘罗回答道："小臣今年12岁。"

赵王哈哈大笑说：

"秦国难道已经没人可派了吗？怎么连12岁的小孩都派了出来？"

甘罗从容答道："我们秦王用人完全根据他们才能的高低，才能高的人做大事，才能低的人做小事。秦王认为这是小事一桩，所以就派我来了。"

甘罗机智巧妙，不卑不亢的回答让赵王听了不觉一愣，来者不善啊。赵王重新打量着甘罗，不敢再轻视他了，问道："秦王派你来有什么事吗？"

甘罗并没有马上回答，却反问赵王："大王您有没有听说燕国太子丹到秦国做了人质？"

赵王点了点头说："听说了。"

甘罗又问："大王您知道秦国派张唐做燕国的相国吗？"

赵王又点了点头。

甘罗这才转入正题说："既然您都听说了，您怎么一点也不着急啊？"

赵王问："我为什么要着急呢？"

甘罗说："秦燕两国这么做，说明它们关系十分密切，这样的话，你们赵国就危险了。"

赵王问道："那依你看我们赵国该怎么办呢？"

甘罗说："依我看，大王不如把五座城池割给秦国，那样的话秦王自然很高兴，您就趁此机会请求秦王把太子丹遣送回燕国，让秦国断绝与燕国的关系。这样一来，凭赵国的实力攻打弱小的燕国绝对不成问题，到时您得到的恐怕不仅

仅是五座城池了。"

赵王觉得在理。他依照甘罗说的，把河间一带的五座城池割让给了秦国，秦国也把太子丹送回了燕国。之后赵国立刻出兵攻打燕国，得到了三十座城池，又把其中的十一座送给了秦国。

秦国不费吹灰之力得到了十六座城池，秦王非常高兴，对甘罗大加赞赏，封他为上卿。甘罗凭着自己的聪明才智，在12岁时就当上了上卿，他的事迹成为中国历史上一段知人善任的佳话。

五、《吕氏春秋》

　　吕不韦当政做的另一件大事就是网罗各种人才，编纂了一部集各家之长的《吕氏春秋》。

　　据说吕不韦有门客三千。那时各国诸侯都大力招揽人才，供养食客，其中最著名的要数"战国四公子"，即齐国的孟尝君、赵国的平原君、魏国的信陵君、楚国的春申君。而吕不韦是秦国历史上第一个认识到士的重要作用，从而大规模招揽宾客，打开国门大批养士的政治家，为开创霸业建立了人才库。

吕不韦任相国之初，就在相府内建造了数以千计的高堂广舍，聘请众多名厨，在城墙上挂起告示，欢迎各方士人来相府做客。因为吕不韦本人并非秦人，却官至秦相，这对希求功名的人士，极具诱惑力。其次，吕不韦权势大，养士之举不会遭人反对和嫉恨。另外，秦国在军事上节节胜利，统一六国是早晚的事情。因此吕不韦纳贤告示一经发出，有识之士便纷纷奔相府而来，很快，吕不韦门下的食客就达三千之众。后来在秦国历史上起过重要作用的司马空、李斯、嫪毐，都曾经是吕不韦的门客。

吕不韦是思想家、政治家，也是大商人，他不会在家里白养三千食客的，

他要人尽其才、物尽其用，让这些人编书就可以最大限度地发挥他们的才能，既可以为统治者提供执政借鉴，还可以帮吕不韦留名青史。

要让各有所长的三千门客编一部完整的作品是一件很不容易的事情，既要保持各派学者的观点和风格，又要相互融合，成为一部完整的作品，经过一番研究，终于得到圆满解决。这部书形式上统一，内容则多样，开创了杂家体例。为了提高作品质量，防止抄袭现成之作，同时也要宣传自己，吕不韦又想出一招。把《吕氏春秋》用竹简抄好挂在咸阳城门旁，那里过往的人多，还立了一个告示，上面写着：如有人能对《吕氏春秋》改动一字，赏赐千金。这就是成语"一字千金"的由来。吕不韦这一招实在是起到了广告宣传的作用，用现代的话说属于自我炒作。同时他也是想通过这个办法告诉秦王嬴政，他的《吕氏春秋》没有任何错

误，让秦王按照他书上说的执政。

吕不韦之所以敢出千金赏赐改动《吕氏春秋》的人，一方面是他有这个自信，觉得自己的作品经得住推敲，另一方面是他的权势无人可敌，谁人敢改动一字，那不是藐视相国的权力吗？随着时间一天天过去，好奇的观众越来越少，站在城门前阅读《吕氏春秋》的人也逐渐散去，终无一人将千金取走。其实，并非书中不可改动一字，而是吕不韦权倾朝野，人们不敢改动，害怕招来杀身之祸，告示只不过是吕不韦吹嘘的手段罢了。后来东汉有个叫高诱的学者，专门研究了这部《吕氏春秋》，指出书中有十余处错误。

《吕氏春秋》又名《吕览》，全书共分为十二纪、八览、六论，共二十六卷，一百六十篇，二十余万字。内容驳杂，有儒、道、墨、法、兵、农、纵横、阴阳等各家思想，所以《汉书·艺文志》等将其列入杂家。总之，《吕氏春秋》形式上虽具

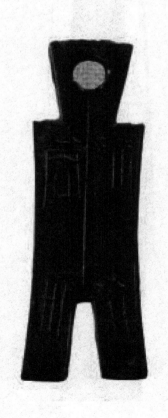

系统，思想上不成一家。这部书汇合了先秦各派学说，"兼儒墨，合名法"，提倡在君主集权下实行无为而治，顺其自然，无为而无不为。用这一思想治理国家，对于缓和社会矛盾，使百姓休养生息，恢复经济发展非常有利。

据吕不韦说，此书对各家思想的去取完全从客观出发，对各家都抱公正的态度，并一视同仁。因为"私视使目盲，私听使耳聋，私虑使心狂。三者皆私设，精则智无由公。智不公，则福日衰，灾日隆"（《吕氏春秋·序意》）。《吕氏春秋》的十二纪是全书的大旨所在，是全书的重要部分，分为《春纪》《夏纪》《秋纪》《冬纪》，共六十篇。《吕氏春

秋》是在"法天地"的基础上编辑的，而十二纪是象征"大圜"的天，所以，这一部分便使用十二月令作为组合材料的线索。《春纪》主要讨论养生之道，《夏纪》论述教学道理及音乐理论，《秋纪》主要讨论军事问题，《冬纪》主要讨论人的品质问题。八览，现在六十三篇，显然脱去一篇。内容从开天辟地说起，一直说到做人务本之道、治国之道以及如何认识、分辨事物，如何用民、为君等。六论，共三十六篇，杂论各家学说。

　　吕不韦编著的《吕氏春秋》既是他的
治国纲领，又可作为即将亲政的嬴政执
政的借鉴。可惜嬴政将《吕氏春秋》里的
政治见解和治国方略视作粪土，在执政
时横征暴敛，实行严酷的专制统治。《吕
氏春秋》的价值逐渐为后
人领悟，成为了解战国诸
子思想的重要资料。

六、修郑国渠

吕不韦做的第三件大事，就是修了一条为秦统一六国积聚大量物资基础，让后世子孙受益的郑国渠。

公元前249年，韩国羸弱到不堪一击的地步。想当年，韩军战斗力也很强，有"强弓劲弩皆在韩出""天下宝剑韩为众"的说法，然而，在强秦的进攻下，韩国被打败了，将士尸横遍野、百姓妻离子散。 面对强敌，即将亡国的韩惠王派出一个手无寸铁的水利工程师——郑国，去说服秦国兴修水利。在韩国看来，这是危难之际的"疲秦"策略，是救亡图存的好办法。在古代，各国没有常备军队，全民皆兵，而修郑国渠这样大型的灌溉工程，秦国要动用所有青壮年劳力，耗费大量财力和精力，这样秦国就没有精力对别的国家用兵了，韩国想借此求得暂时的安宁。

肩负拯救韩国命运的郑国，在咸阳见到了秦国的主政者吕不韦，他向吕不韦提出了修渠建议。当时秦王嬴政年仅13岁，国家大政实际由相国吕不韦把持。商人出身、并非秦人的吕不韦一直希望做几件大事来显示治国才能，巩固自己的政治地位。韩国的建议与吕不韦急于建功立业的想法不谋而合，况且在泾水、洛水之间

修渠是对秦国有百利而无一害的好事。

修渠之前，泾水、洛水两条河流之间满是盐碱之地，不利耕种，也缺乏灌溉。开渠之后，这片盐碱地将得到灌溉，可变成万顷良田，秦将获万年之利。吕不韦知道要灭掉六国，首先要使自己的国家强大。以前，秦国都在周边打仗，战争规模不大，持续时间不长，原因是兵源不足，粮草短缺。而要统一六国，大军一动，将不是几万，而是几十万、上百万，需要源源不断供应粮草。没有强盛的国力，就无法提供庞大的军用物资。等渠修好以后，秦国国富兵强，再挥师灭掉六国也为时不晚。

修郑国渠可以给秦国带来巨大的收益，但秦人没有那么长远的战略眼光，看到的只是修渠将要倾全国的人力、物力，耗费

少则三五年，多则七八年的时间，很难说服秦人做这种费力又看不到好处的事。郑国提出修渠建议之后，吕不韦就让人提泾河之水浇灌了三顷地，一年下来，所灌之地碱质全退，变成了良田，庄稼一年可收两季，且长势喜人。

于是秦国接受了郑国的建议，在泾水、洛水之间修一条渠，这就是历史上有

名的郑国渠。

郑国设计的引泾水灌溉工程充分利用了关中平原西北高、东南低的地形特点，使渠水由高向低实现自流灌溉。为保证灌溉的水源，郑国渠采用独特的"横绝"技术，通过拦堵沿途的清峪河、蚀峪河等河流，让河水流入郑国渠。 郑国渠巧妙连通泾水、洛水，取之于水，用之于地，又归之于水。在今天看来，这样的设计也可谓巧夺天工。

公元前237年，郑国渠就要完工之时，有人向秦王禀告郑国来秦国修渠的真正目的是要拖垮秦国，使秦国无暇对其他国家用兵，韩国的修渠阴谋被揭穿，郑国有性命之忧。

这一事件引发了更大的危机，当时秦王已经很有主见了，秦国的嬴姓贵族

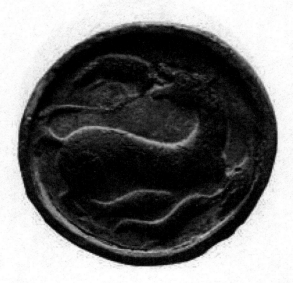

早就不满吕不韦当政，正好借这一事件向秦王建议驱逐外国人，自然包括相国吕不韦。吕不韦的门客，来自楚国上蔡的李斯写了著名的《谏逐客书》，规劝秦王善用人才。而危急中郑国也对秦王说，杀掉我没什么，可惜工程半途而废，这才是秦国真正的损失。

秦王权衡利弊，最后得出结论：修建水利工程对于开发关中农业的意义，远远高于对国力造成的消耗。于是，秦王收回驱逐侨民的决定，郑国渠也得以继续修建。

公元前236年，郑国用了十年时间，终于把渠建成了。郑国渠尘埃落定，人们看到了一个崭新的秦国，郑国渠和都江堰两大水利工程一北一南遥相呼应，如同张开的两翼，东方六国都处在其羽翼之下，秦灭六国到了瓜熟蒂落的时候了。

郑国渠建成之后，关中成为天下粮仓。据史学家统计，郑国渠灌溉的115万亩良田，足以供应秦国60万大军的军粮。公元前230年，秦军直指韩国。对这时的秦国来说，疲秦之计已变成强秦之策。中国历史上第一次大一统的最后决战一开始，韩国就灰飞烟灭了。郑国渠建成15年后，秦灭六国，实现统一。

七、李斯出山

　　李斯，字通古。楚国上蔡（今河南上蔡西南）人。李斯早年做过一个郡的小吏，他觉得做这种小官没出息，于是辞官后从荀子学帝王之术，学成来到秦国，投到吕不韦门下。吕不韦见他颇有才能，便给他个侍郎做，李斯这才有机会接触到秦王，后来李斯劝说秦王灭诸侯、成帝业，得到秦王的赏识，被任为长史。秦王采纳李斯的计谋，遣谋士持金玉游说关

东六国，离间各国君臣，又任李斯为客卿。

公元前237年，秦国宗室贵族要求秦王下令驱逐六国客卿。他们向秦王进谏说："那些来秦国的人，大抵是为了他们自己国家的利益来秦国做破坏工作的，请大王下令驱逐一切来客。"秦王觉得有道理，便下了逐客令，李斯也在被逐之列。看着自己的宏图大志就要泡汤了，李斯给秦王写了一封信，劝秦王不要逐客，这就是有名的《谏逐客书》。

李斯在《谏逐客书》中说：我听说群臣议论逐客，这是错误的。从前秦穆公求贤人，从西戎请来由余，从东方的楚国请来百里奚，从宋国迎来蹇叔，任用从晋国来的丕豹、公孙支。秦穆公任用了这五个人，兼并了二十国，称霸西戎。秦孝公重用商鞅，实行新法，移风易俗，打败楚、魏，扩地千里，秦国渐渐强大起来。秦惠王用张仪的计谋，拆散了六国的合纵抗秦，迫使各国服从秦国。秦昭襄王得到范雎，削弱贵戚力量，加强了王权，蚕食诸侯，秦成帝业。这四代王都是由于任用客卿，对秦国作出了巨大贡献。客卿又有什么对不起秦国的呢？如果这四位君王也下令逐客，只会使国家没有富利之实，秦国也没有强大之名了。

　　李斯还说，秦王的珍珠、宝玉都不产于秦国，美女、好马、财宝也都是来自东方各国。如果只用秦国有的东西，那么许多好东西也就没有了。李斯还在信中反问：为什么这些东西可用而客就要逐，看起来大王只是看重了一些东西，却不懂得重用人才，驱逐的人才为他国所用，其结果是加强了他国的力量，却不利于秦国的统一大业。李斯的这番话，不仅用词恳切，而且真实地反映了秦国的历史和现状，代表了当时有识之士的见解。因此，这篇《谏逐客书》成为历史名作。

秦王觉得李斯说得很有道理，果断地采纳了李斯的建议，取消了逐客令，李斯仍然受到重用，被封为廷尉。

同时，即将被杀的郑国也向秦王进言：韩国让秦国大兴水利建设工程，当初的目的是消耗秦国实力，但水渠修成之后，对秦国也是有利的。尽管兴修水利，

减轻了秦国对东方各国的压力，让韩国多存在几年，但修渠可为秦建万代之功。秦王觉得郑国的话有道理，决定不杀郑国，让他继续修渠。闻名于世的郑国渠对发展秦国的经济，起到了一定的作用。

秦国继续坚持接纳、任用客卿的政策，对其经济、政治、军事、文化的迅速发展，都作出了积极的贡献。如秦始皇时期的客卿就有：王崎、茅焦、尉缭、王翦、李斯、王贲、李信、王离、蒙恬等。李斯的《谏逐客书》，对秦网罗天下人才是有重大作用的。

经过这一次逐客事件，秦王更加成熟了，向亲政迈进了一大步。同时李斯这颗秦国政坛的新星也冉冉升起，李斯取代相国吕不韦是早晚的事了，历史将要进入李斯时代。

秦统一天下后，李斯与王绾、冯劫议定尊秦王政为皇帝，并制定有关的礼仪制度。李斯被任为丞相。他建议拆除郡县城墙，销毁民间的兵器，以加强对人民的统治；反对分封制，坚持郡县制；又主张焚烧

民间收藏的《诗》《书》、百家语，禁止私学，以加强专制主义中央集权的统治。还参与制定了法律，统一车轨、文字、度量衡制度。秦始皇死后，李斯与赵高合谋，伪造遗诏，迫令始皇长子扶苏自杀，立少子胡亥为皇帝，即秦二世。不久秦二世和李斯都被赵高所杀。

八、嫪毐叛乱

　　吕不韦在忙着治国大事的同时，做了一件过早葬送自己政治前途及生命的错事，那就是让自己的门客嫪毐进宫陪伴太后赵女。

　　嫪毐(?—公元前238年)，战国时期秦国的假宦官。据说赵女和嫪毐早在赵国时就认识，算是旧相识。前面已经说过，赵女嫁给子楚之前是吕不韦的爱妾，传说赵女和吕不韦一直没有中断联系。

庄襄王死后，赵女经常要吕不韦进宫陪伴，吕不韦一方面政务较忙，另一方面也是想抽身，于是向太后赵女推荐了嫪毐。通过贿赂宫中做宫刑的人，让嫪毐假装受了宫刑，进了后宫，整日陪伴太后左右。嫪毐进宫后很受太后宠爱，与太后相处如夫妇。不久，太后怀孕了，太后怕生产时被人发现，于是假称有病，让嫪毐拿金钱贿赂占卜的，让占卜者说宫中有鬼，应该到西方二百里之外避难。秦王政同意了太后的要求，说："雍州正好在咸阳以西二百余里处，那还有宫殿，孩儿派人去打扫，太后可以住在雍州的宫殿。"于

是太后搬到雍城居住，嫪毐一同前往。

离开咸阳，嫪毐与太后更加肆无忌惮，两年之中，连生二子，筑密室藏而育之。太后私下与嫪毐

相约，他日秦王驾崩，让自己的孩子即位。天底下没有不透风的墙，嫪毐经常在外面酗酒，酒后狂言他和太后情同夫妻，生有二子。开始人们并不信嫪毐的酒后之言，时间久了，他们的事外人也就知道了，但无人敢言。太后先是对秦王说嫪毐代替大王伺候太后有功，让秦王封嫪毐土地。之后秦王又奉太后之命，封嫪毐为长信侯，赐予泾阳之地。嫪毐仗着太后的宠信，更加恣意妄为。太后经常给嫪毐赏赐，宫中的车马嫪毐可以随便使用，事无大小，都由嫪毐决定。嫪毐蓄养家童上万人，门客千余人，扬言这些都是跟相国吕不韦学的。嫪毐的势力迅速赶上文信侯吕不韦了，很多想做官的人，知道他和太后的关系，都争着巴结他，投到他的门下。

还有另一种传说，说嫪毐是个市井无赖，被吕不韦发现，推荐给太后，入宫

后被太后宠幸，势力迅速赶上吕不韦。

公元前238年，有人告发嫪毐是假太监，与太后私通，生有二子，并与太后密谋："王即薨，以子为后。" 嬴政当时21岁，即将亲政，闻听密报大怒，立刻派人调查，情况果然属实，还发现嫪毐事件和相国吕不韦有牵连。

嫪毐在秦王周围安插了不少眼线，很快就得知自己被人告发了，心里十分恐慌。这几年，尤其是嫪毐封为长信侯以后，有权有势又有封地，他恣意享受着宫室车马华服苑囿，过着优裕的王侯生活，他怎么能突然失去这一切？想来想去，嫪毐决定先发制人，发动叛乱。

吕不韦也很快得到消息，秦王嬴政已经知道嫪毐是个假宦官了，嫪毐是他吕不韦推荐给太后的，嫪毐事发他是脱不了干系的。嫪毐仗着太后的宠信获得爵位、封地，并蓄养了上万家奴，嫪毐就是凭借自己的万名家奴谋反，那他吕不韦也难以成为清白之人，因为嫪毐讲过，扩充家奴是效法他吕不韦干的。

吕不韦还想到，嫪毐会利用自己封地的百姓谋反。嫪毐的封地是泾阳，那里有几万黔首。而可怕的是，那里正在修渠，闹不好，整个工地的黔首都会跟他造反。还有一层：嫪毐发动这么多的人，可以很轻易地弄到兵器。吕不韦最清楚，就在泾阳的兵器库中，有几万件现成的兵器。那是打造好后存在那里，为将来打六国准备的。

想到这些吕不韦的冷汗都冒出来了，他急忙进宫拜见秦王，请求协助处理嫪毐事件。秦王嬴政很冷静地说他要亲自处理这件事，让相国休息。吕不韦很吃惊，秦王的变化是他未曾料到的，过去朝政一直是他吕不韦处理的，是他一人说了算的，如今秦王不让他参与了，让他休息。

其实吕不韦想到的，秦王都已

经想到了，为了防止嫪毐利用泾阳工地修渠的劳工造反，秦王早已传旨把劳工遣散了，也派人把泾阳兵器库中的兵器转移走了。

再说嫪毐这时也很快冷静下来了，他知道自己是先王封的文信侯，要抓他得有个能够公开的罪名，而假太监这个罪名不能公诸于世，故而他眼下还没有太大的危险。何况他这几年苦心经营，也有一定实力和秦王一拼高下。

可没想到的是，秦王已经派人到郑国渠工地传旨，工程暂停，民工回家秋收，至于何时返回工地复工，听候君命。

在宣布工程停工的同时，官家开始运走泾阳库中贮存的兵器。有关人员向嫪毐报告，说那里的兵器已经被运光了。

听到这两个消息，嫪毐顿时出了一身冷汗。工地上集中在一起的民工、贮存在泾阳库中的兵器，是他谋反的本钱，这回没指望了。

嫪毐思索着得把他那万名家丁武装起来，如果咸阳那边来人抓他，他不会束手就擒的。

经过一个多月的酝酿、准备，嫪毐立嬴闳为秦王，自立为相国，发起泾阳一带黔首十万之众，打起"讨假王、复正统"的大旗。他们广发讨伐假王嬴政的檄文，挥师向咸阳进发。趁着风和日丽，嬴政在雍城蕲年宫行加冠礼，窃用太后玺，调县卒、官卫、士卒、官骑攻击蕲年宫。

咸阳被震撼了，整个秦国被震撼了。

虽然当时秦王还很年轻，但已经表现出做事考虑周到，应变能力极强的特点了。对嫪毐的谋反，秦王是有防范的。秦王早已做出安排，派将军蒙骜率五万精

兵驻扎在了纯化，并派将军王翦率五万精兵驻于咸阳西北。在嫪毐起事的当日，秦王发出檄文，声讨叛逆，讲明嫪毐"假王"云云，纯属谋反者惯用伎俩，号召黔首各守本位，秦王自有灭贼之策。檄文还讲，跟随嫪毐的黔首，大都不明真相，只要翻然悔悟，放下兵戈，既往不咎。

秦王下令："凡有战功的均拜爵厚赏，宦官参战的也拜爵一级。""生擒嫪毐者赐钱百万，杀死嫪毐者赐钱五十万。"

很快，进蕲年宫的数百叛军被杀死；进攻咸阳的嫪毐大军闯到咸阳以北二十里的时候，王翦率军杀来。同时，蒙骜大军也杀了过来，嫪毐率领的人马本是些乌合之众，哪里经得起身经百战的两位将军的夹击？嫪毐一看在疆场之上难以取胜，便收拾残兵，退向太后住的甘泉宫。蒙骜料定嫪毐最后必龟缩在甘泉宫，早在通向甘泉宫的路上埋伏了一支人马。嫪毐率残兵败将到时，伏兵杀出，嫪毐的军队又厮杀了一阵，最后剩下不足三千人。嫪毐退入甘泉宫，蒙骜按秦王旨意，带兵攻入宫内，经过两个时辰的拼杀，嫪毐的人差不多被杀光了，剩下的已经没有任何还手之力。没多久，嫪毐死党被一网打尽，嫪毐被生擒，太后和嫪毐生的两个儿子被装在袋子里，让人乱棍打死了。

公元前238年，秦王下令车裂嫪毐，灭其三族。嫪毐的死党二十余人被枭首，追随嫪毐的宾客舍人罪轻者为供役宗庙的取薪者——鬼薪；罪重者四千余人夺爵迁蜀，徙役三年。太后被逐出咸阳，迁往城外的械阳宫，与秦王断绝母子关系，永不再见，不可为国母，削减奉禄。并下令朝臣敢有为太后事进谏者，"戮而杀之，蒺藜其背"。结果，有二十七个进谏大臣被残酷地处死，他们的尸首被挂在城墙上示众。

九、秦王罢相

　　秦王政平了嫪毐之乱，回到咸阳。仲父吕不韦已经知道秦王不会放过他了，于是称病不敢上朝。

　　其实，秦王早就对吕不韦的专权很不满意了，他在看了李斯的《谏逐客书》之后，开始重用李斯，李斯就向秦王提到了他的同窗韩非及韩非的文章，秦王很感兴趣，命赵高亲自去李斯家取韩非的书简。

赵高把韩非的书一拿回宫，秦王就如饥似渴地读了起来。秦王首先抓到手上的，是《爱臣第四》。文章说："爱臣太亲，必危其身；人臣太贵，必易主位。"这样的话映入眼帘，给秦王的感觉，就像一个长久经受阴霾折磨的人一下子看到了晴朗的天空。秦王一连读了三天三夜，饿了就随便吃上几口，实在困了就趴在几上眯一会儿。韩非的文章对于秦王来说真是大旱逢甘霖啊。

秦王甚至能背诵韩非的文章，如："人主之所以身危国亡者，大臣太贵，左右太威也。所谓贵者，无法而擅行，操国柄而便私者也。所谓威者，擅权势而轻重者也……"

嬴政极度聪慧并有

极强的洞察力和惊人的记忆力。进宫后，嬴政一直在观察着、吸收着，很快就适应了环境。随后，他的知识积累越来越丰富，渐渐明白了做王的含义。嬴政入宫之后目睹了两次王位的更迭，他静听着大家对逝者功过的评述，静观着新王的动作，这实际上是他的即位演习。这一切促成了一个事实：嬴政过早地成熟了。他以成年人的目光观察着世界，并试图像一个成年人那样处理问题。而对此，人们却浑然不觉。

看了韩非的文章，嬴政受益匪浅，让他动脑筋最多的正是"吕不韦问题"。当初，对吕不韦，嬴政有的感情仅仅是崇拜。听到的，看到的，感受到的，完全是吕不韦的睿智、英明、果敢和令人吃惊的办事效率。后来，嬴政的思想起了变化，他

发现了吕不韦的不足。吕不韦处理事情往往过于简单，有时甚至显得很粗暴。受到粗暴对待的人慑于吕不韦的权势，会低下头。长此以往，朝廷便形成"一言堂"的局面。开始嬴政只是心里感到不舒服、不愉快，对吕不韦的行为产生反感，对那些趋炎附势之徒感到厌恶，也越发不能容忍了。他认为，之所以有"一言堂"，是因为相国权力太大，势力太强了，这种局面必须改变。

吕不韦成了一个多余的人，而且他判定，事态会更加复杂。吕不韦从赵高那里了解到，秦王如饥似渴地读韩非的文章，并决心效法韩非的主张。吕不韦想知道韩非到底提出了什么样的主张，便找来韩

非的文章读。读后他发现,韩非总结了历史上历朝历代君王掌握权柄之得失,系统地提出了一套统治之术。韩非的主张很适合有大志的君王的口味,嬴政作为强盛秦国的年轻的王,接触到韩非,出现那样的精神状态,思想上发生那样的变化,就不足为奇了。是他吕不韦从嬴政幼小时就教育孩子作一个有作为的王的,让他不但要作秦国的王,还要作天下的王。现在,嬴政接受韩非的主张,所作所为无可指责,而且,平心而论,说嬴政深谋远虑、举措得当并不为过。像嫪毐之事,嬴

政表现出来的沉着、冷静、胆略，统统是值得赞扬的。

吕不韦想明白了，嬴政成熟了，事态的演变使自己成了一个多余的人，眼下处理嫪毐之变是如此，往后将事事如此。除掉他这个相国，也可以说是韩非的主张，韩非讲，一个有作为的君主，不能允许权柄操在别人的手里。一个大臣权力太重，会对国君构成威胁。君主必须有绝对的权威，他要想尽办法驾御群臣，只许大家服服帖帖地效力，不许任何人有半点僭越的行为。韩非列举前朝君权旁落的大量事实，无可辩驳地讲明了不允许重臣存在的道理。

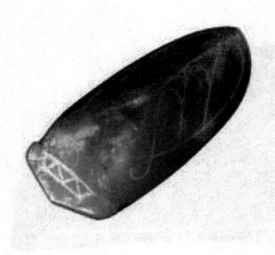

想到这里，吕不韦联想到自己，位不可谓不尊，权不可谓不重，在嬴政眼里，他吕不韦是一个名副

其实的重臣，因此必在铲除之列。这便是问题的要害。

吕不韦的时代结束了，秦王嬴政亲政的时代已经开始。

嫪毐的事必然要牵涉到吕不韦，秦王很快就查明，嫪毐是由吕不韦推荐入宫的，是个假宦官，和太后不清不白，还生了两个孩子。而吕不韦身为相国，让嫪毐进宫，属于严重的渎职行为。按照秦国的法律，有如此重大过失的大臣，必死无疑。可是嬴政却迟迟没作决定。

《史记·吕不韦列传》中说："王欲诛相国，为其奉先王功大，及宾客辩士为游说者众，王不忍致法。"意思是说，秦王内心很矛盾，本来想杀掉吕不韦，但考虑到他侍奉先王功劳极大，又有许多宾客辩士为他求情说好话，秦王不忍心将他绳之以法。这也证明他对吕不韦还是有感情的。应该怎么办呢？想来想去，秦王嬴政终于下了决心，"免除吕不韦相国职

务"。吕不韦虽被免去相国之职，但仍为文信侯，食河南十万户租税。

这道让吕不韦回封地的王命，是在车裂嫪毐一年后才下达的，嫪毐叛乱是公元前238年爆发的，最终嫪毐被车裂，灭三族。处理吕不韦是在公元前237年，这是为什么呢？

按照《史记》中所说，原因有三个：一是吕不韦辅佐先王有功。没有吕不韦的一掷千金，就没有异人的嗣子之位，就没有后来的秦庄襄王嬴子楚，当然也不会有秦王嬴政，更不会有雄视各国的强大的秦国。二是有很多人为吕不韦求情，吕不韦和嫪毐不同，吕不韦有真才实学，为强秦作出了卓越的贡献，他执政期间广纳人

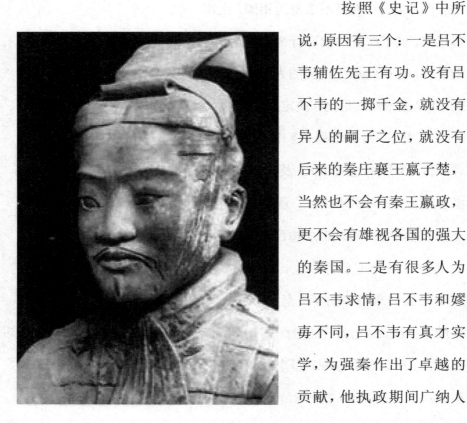

才，也重用有才能的人，所以朝中很多官员都是他的门客或朋友。为吕不韦说情的人很多，秦王也不得不考虑大臣们的意见。三是秦王本人也知道吕不韦为秦国作了很多贡献，吕不韦的错误和嫪毐的叛乱有本质上的不同，故"王不忍致法"。吕不韦逃过了一劫，官没了，封地还有，吕不韦仍然是富可敌国的万户侯。

十、相国之死

回到封地的吕不韦，开始时也是心情沮丧，闭门谢客，足不出户的，可是没几个月就摆脱了坏心情，大开府门，广交宾客。这次大难不死，吕不韦并没有吸取教训，夹起尾巴做人。吕不韦在河南封地居住期间，各地诸侯国都派遣使臣前去问候，使者络绎不绝。战国时期也是人才流动较大的时期，各国都在争相聘请有才能的人，以吕不韦的雄才大略，在各诸侯国中早已尽人皆知，秦国不用他，别国自然抢着来请。所以河南的相国府门前整日车水马龙，连府邸周围做生意的小商贩都发财了。相国府内更是歌舞升平，高朋满座，日日饮酒，夜夜欢歌。吕不韦的居所富丽堂皇，与王宫的占地面积、建筑构造差不多，简直可以与秦王的宫殿相媲美。单凭这一点就够杀头之罪了。吕不韦实在是胆大包天啊。

不久，吕不韦在封地的这些事被秦王知道了，秦王很担心，"恐其为变"。因为吕不韦很有治国之才，这是经过实践检验的。秦国在吕不韦执政期间，国力大增，雄视列国就是最好的例证；再者吕不韦很有声望，各诸侯国的使者宾客相望于道，来请文信侯出山。

秦王绞尽脑汁想着怎样处理吕不韦，既不能让他再影响秦国的政事，又不能让他为别国所用。秦王终于想出了一个办法来羞辱吕不韦，秦王写信给吕不韦说："君与秦究有何功，得封国河南，食十万户？君与秦究属何亲，得号仲父？今可率领家属速徙蜀中，毋得逗留！"谁都知道这封信对吕不韦是不公平的，吕不韦不仅对秦国有大功，他对中国历史的贡献都是巨大的。

看了秦王的信，吕不韦泪眼模糊了，内心百感交集。他聪慧过人，知道以秦王嬴政的暴戾性情，即使他迁到蜀地，秦王也不会罢手的，接下来就该要他的性命了。与其等死，不如自己死去，免得受苦，也死得有尊严，于是吕不韦饮鸩酒自杀了。吕不韦一生苦心经营，以美酒始，以鸩

酒终。

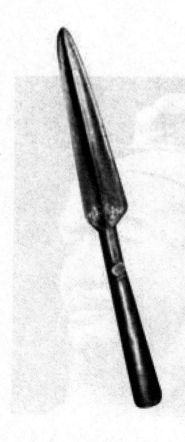

吕不韦死后，他的门客将他窃葬在邙山，秦王知道后很生气，下诏凡吕不韦的门客一律流放，他不认为吕不韦的门客是秦国的人才，反而把他们当成自己的敌对势力。秦王不仅对吕不韦怀有戒心，对吕不韦的门客也同样怀有戒心。因为吕不韦在秦庄襄王时就是相国，在嬴政时又当了九年相国，集政权、军权于一身，前后加起来执政十二年，这十二年吕不韦政绩显赫，战功卓著，令诸侯闻之胆寒，同时吕不韦也培植了庞大的政治集团，秦王怎么能没戒心呢，怎么敢用吕不韦的门客呢？

也有人说吕不韦没死，他担心秦王不杀他心不安，于是诈死。吕不韦以另一副不为人知的面孔出现在秦宫，默默地守望着自己的儿子秦始皇和爱人赵姬，这个结局的编撰体现出了人们对吕不韦的深切同情。

十一、功垂千古

在漫长的中国历史长河中，吕不韦论名气，比不上那些功名显赫的帝王，如秦始皇、汉武帝、唐太宗、康熙大帝等等；可能也比不上一代贤相管仲、诸葛亮等人。在人们心目中，吕不韦是一个有争议的人物，很难用一两句话就把他说清楚。但是，如果把吕不韦放到他生活的战国时代去考察，就会发现，吕不韦其实是一个很了不起的人，是对中国历史的发展有着卓越贡献的人。他的一生，有很多闪光点，当然也有过失。

吕不韦的功绩主要表现在：

第一，不惜散尽千金立异人为嫡嗣，虽然主观上吕不韦是为了个人的政治前途孤注一掷，但客观上这种做法使秦王室得以稳定。异人的祖父秦昭襄王是一个执政五十多年的老国王，他的父亲安国君是一个五十多岁的老太子，安国君有二十多个儿子，却迟迟没有确立嫡嗣，王室的这种状况潜伏着极大的不安定因素，一旦儿子们为争夺王位发生争斗，将会导致秦国内乱，甚至使秦国形势发生逆转。吕不韦通过游说秦国，打通关节，请华阳夫人说服安国君，确立异人为嫡嗣。虽然吕不韦此举有政治投机的目的，但立异人为嫡嗣客观上起到了稳定秦王室的作用，秦昭襄王去世后王室没有发生内乱，加之吕不韦以相国职位辅佐异人，整顿朝政，发展经济，休养生息，富国强民，使秦国在秦昭襄王、安国君死后不断发展，维持了对东方六国的高压态势，加快了统一六国的步伐。从这个角度看，吕不韦对中国历史的发展是有贡献的。

第二，吕不韦执政时期，对外战争讲究策略，避免打硬仗、打恶战。一部战国史，自始至终战争不绝，一场大战伤亡的人数往往在数十万以上。公元前260年，秦赵长平之战，赵国战俘竟有四十万人被坑杀！此战是古往今来最惨烈的战争之一。当时吕不韦正在赵国的都城邯郸，目睹了战争给赵国造成的创伤。秦军是出了名的虎狼之师，不分兵、民，见人就杀。因此，吕不韦在秦国

执政后，反对在战争中进行大规模的屠杀，他提出了兴"义兵"的思想，所谓"义兵"，就是"兵入于敌之境，则民知所庇矣，黔首知不死矣。至于都国之郊，不虐五谷，不掘坟墓，不伐树木，不烧积聚，不焚室屋，不取六畜，得民房奉而题归之"。即不杀平民百姓，不掠夺百姓财产等。应该说，吕不韦的战争观是进步的，他在执政中尽量避免硬碰硬的战争，以减少损失，保护了平民的利益。公元前247年，东方五国联合抗秦，吕不韦设计破坏联军首领信陵君和魏王的关系，致使信陵君被撤职，联军遂告瓦解，避免了大规模杀伤有生力量。

第三，组织门客编

著《吕氏春秋》，这是吕不韦执政期间的一件大事。在先秦诸子著作中，《吕氏春秋》被列为杂家，其实，这个"杂"不是杂乱无章，而是兼收并蓄，博采众家之长，"兼儒墨，合名法"，提倡在君主集权下实行无为而治，顺其自然。《吕氏春秋》吸取各家比较进步的思想。如对于儒家，主要吸取其民本思想、修齐治平思想；对于道家，主要吸收其清静无为的思想；对于墨家，主要吸收其薄葬的思想；对于法家，主要吸收其法治思想。

吕不韦在执政生涯中也存在一些过失：

一是他对权力的认识不够超脱，只知进不知退，没有做到有权而不恋权，到位而不越位。吕不韦的独断专权令秦王嬴政无法忍受，非要除掉他才安心，恋权的吕不韦最终被权力抛弃了。

二是他在处理和赵姬的关系时不够干净利落，在赵国邯郸时，吕不韦就已经把赵姬送给异人了，但仍与赵姬藕断丝连，以致一错再错，酿成大祸。当年他把赵姬送给了异人，异人称王，赵姬为王后，身为相国的吕不韦就应该彻底了结与赵姬的情缘，各得其所，相安无事。可他和赵姬仍有来往，赵姬对他也是恋恋不舍。尤其是异人死后，赵姬守寡，两人更加无所顾忌，内宫对于吕不韦来说就如自己家一样。这让日渐懂事的嬴政看在眼里，恨由心生。嬴政性格孤僻、暴躁，和他青少年时期受到的影响不无关系。相国和太后关系暧昧，在朝中、在民间都造成不良影响。精明的吕不韦后

来也发现自己已经引火烧身，"恐觉祸及己"，主动和太后断绝来往，但是他又推荐了嫪毐，结果引狼入室，一错再错，招来灭顶之灾。

纵观吕不韦的一生，功过相比，还是功大于过，他在中国历史上起过重要的作用，开创了商人从政的先河，改变了中国历史的进程。

吕不韦死后，秦没有停下统一六国的脚步，秦王嬴政在李斯的辅佐下，实行郡县制，统一行政；焚书坑儒，统一思想；制定法律，依法治国；此外还统一了车轨、度量衡，统一了文字，以小篆为标

准文字，李斯的小篆被公认为"小篆书法之祖"。这时的秦国可以说是兵强马壮，只待战车踏平中原了。

公元前230年，秦灭韩；公元前228年，秦灭赵；公元前225年，秦灭魏；公元前223年，秦灭楚；公元前222年，秦灭燕；公元前221年，秦灭齐，当年秦王称帝，为始皇帝。秦统一六国，结束了中国长期分裂割据的局面，为统一的、多民族的、中央集权的封建国家的确立创造了非常有利的条件。秦的统一奠定了中国的版图，加强了汉族和少数民族之间的联系，开创了中国历史的一个新纪元，促进了中国社会的飞速发展。

秦能完成统一大业，吕不韦功不可没！